A Kalmus Classic Edition

Georges
BIZET

CHILDREN'S SUITE
JEUX D'ENFANTS

Opus 22

FOR TWO PIANOS/FOUR HANDS

K 03222

Kalmus

KLEINE SUITE.

Kinderspiele.

Nº 1. Marsch.

(Trompeter und Trommler.)

Georges Bizet, Op. 22.

13
14
15
16
17
18
19
20
21
22
23
24
25
26
27
f
mf
p
dim.
pp
tr
8

28
29
30
31
32
33
34
35
36
37
38
39
40
41
42
43

ff
44
ff
45
tr
ff
46
dim.
47
48
molto
49
f
p
50
51
52
53
ppp
54
55
8

56
57
58
59
dim.
60
61
62
p dim.
mf
63
64
65
66
ppp
smorzando
67
68
69
70
71

Nº 2. Wiegenlied.

(Die Puppe.)

ppp
pp
22 23 24 25 26 27
pp
p cresc.
pp
28 29 30 31 32 33
R.H.
L.H.
pp
cresc.
34 35 36 37 38 39 40
pp
p
sf
dim.
smorzando
ppp
41 42 43 44 45 46 47 48

Nº 3. Impromptu.
(Der Kreisel.)

19
20
21
22
23
24
25
più p
sempre diminuendo
ppp
dim.
mf
pp
26
27
28
29
30
31
32
ppp
R. H.
pp
L. H.
ppp
R. H.
ff
ff
dim.
molto
33
34
35
36
37
38
39
dim.
ff
ff
pp
40
41
42
43
44
45
p

pp
46
47
48
pp
49
50
51
52
53
54
55
56
57
58
p
più p
più p
pp
dim. molto
59
60
61
62
63
64
65
dimin.
molto
ppp
ppp
dim.
mf
66
67
68
69
70
71
72
73
pp
pp
ff
ff

Nº 4. Duo.

(Kleiner Mann, kleine Frau.)

pp
L.H.
poco a poco
cresc.
animato poco a poco
poco cresc.
molto
f
poco a poco cresc.

rallentando
molto
a tempo
ff
pp
61
62
63
64
65
66
67
68
ff rallentando
ff molto
simile
cresc
molto
f
dim. molto
69
70
71
72
73
74
75
76
langsam und gleichmäßig
p dim.
pp
poco rall.
77
78
79
80
81
82
83
sempre dim.
ppp smorzando
84
85
86
87
88
89
90
91
pp sempre dim.
ppp

Nº 5. Der Ball.

(Galopp.)

ten.
25
26
27
28
29
30
31
32
pp
cresc.
sf
33
34
35
36
37
38
39
40
ff
41
42
43
44
45
46
47
48
fff
49
50
51
52
53
54
55
56

Piccolo
poco a
poco cresc.
cresc.

ff
tr
92
93
94
95
96
97
98
99
ff
8
ten.
ten.
100
101
102
103
104
105
106
107
108
pp
pp
sf
pp
109
110
111
112
113
114
115
116
117
sf
pp
ff
fff
118
119
120
121
122
123
124
125
126
ff
fff

pp
mf
cresc.
molto
Con furia
fff
Con furia
p
tutta forza

Kalmus